Johannes Landgraf

Der Wiener Kongress und seine Folgen für Europa

GRIN Verlag

GRIN - Your knowledge has value

Der GRIN Verlag publiziert seit 1998 wissenschaftliche Arbeiten von Studenten, Hochschullehrern und anderen Akademikern als eBook und gedrucktes Buch. Die Verlagswebsite www.grin.com ist die ideale Plattform zur Veröffentlichung von Hausarbeiten, Abschlussarbeiten, wissenschaftlichen Aufsätzen, Dissertationen und Fachbüchern.

Besuchen Sie uns im Internet:

http://www.grin.com/

http://www.facebook.com/grincom

http://www.twitter.com/grin_com

Landgraf, Johannes

Der Wiener Kongress und die Folgen für Europa

(Facharbeit Geschichte)

Inhaltsverzeichnis

1. Einleitung

„Le congrès danse beaucoup, mais il ne marche pas"[1]

Dieser Spruch stammte von Charles Joseph Fürst von Ligne und gab dem Wiener Kongress den Beinamen als tanzender Kongress. Tatsächlich gab es die ganze Zeit über, wie es Verhandlungen gab, auch Veranstaltungen für die Entsandten der Teilnehmer zur Erhaltung einer positiven Grundstimmung bei den Verhandlungen. Dadurch, dass jene Verhandlungen sich nicht nur über ein Wochenende zogen, sondern mehrere Monate und die Bevollmächtigten auch nur Menschen waren, war es fördernd die Leute bei Laune zu halten. Auf dem Wiener Kongress wurde die neue Aufteilung von Europa nach der Herrschaft Napoleons vollzogen um ein Gleichgewicht der Großmächte wieder herzustellen und wichtige Entscheidungen für neue Grundzüge für das Zusammenleben wurden getroffen, da war es vom Vorteil, wenn diese bei einer angenehmen Atmosphäre gefällt wurden. Diese Idee griffen   Kaiser Franz I. von Österreich und der Außenminister Fürst von Metternich auf und die Mühe wurde belohnt. Nach vielen Gesprächen in Verhandlungsräumen und auf Tanzsälen stand am 09. Juni 1815 die Kongressakte fest und wurde unterzeichnet.

2. Intention

Die Wahl zu diesem Thema erschien mir passend, nachdem der ursprüngliche Plan die Amerikanische Revolution als Thematik zu ergattern gescheitert war, da es mindestens genauso viel Wert war über einen Prozess zu berichten, bei dem einerseits ein Schritt zurück auf die Anfangssituation gemacht wurde und trotzdem ein neues Konzept der Machtverteilung in Europa geschaffen war, wie auf die Analyse einer Revolution, bei der nach großen Meinungsverschiedenheiten zum Ende eine Nation gegründet wurde. Diese Ambivalenz aufzugreifen und auch in Erfahrung zu bringen, was für Folgen dieses Ereignis für unsere Heimat hatte, seien es die Sofortigen wie die, die man erst nach Generation erschließen konnte, kam mir als sehr interessant vor.

In dieser Facharbeit werde ich auf die Ursache für den Wiener Kongress eingehen, sowie dessen eigentlicher Ablauf. Des Weiteren werde ich die Veränderungen in Europa durch ihn erläutern und

---

[1] Zu Deutsch: „Der Kongress tanzt, aber er geht nicht voran" (Zit. Nach Charles Joseph de Ligne) (Quelle nach Wikipedia/ Ligne: https://de.wikipedia.org/wiki/Charles_Joseph_de_Ligne#Zitate)

die neuen Ordnungen aufgreifen. Zuletzt fasse ich die Ergebnisse, wie Folgen, zusammen und gebe eine Schlussbetrachtung ab.

3. Vorgeschichte

Nachdem Napoleon innerhalb von 20 Jahren große Teile von Europa von Frankreich aus neu eroberte, gerieten die Machtverhältnisse zu sehr auf eine Seite der Waageschale. Er kippte die Ausgewogenheit des damaligen Machtsystems und unter seinen Namen wurden auch Gebietsherrscher von verschiedensten Territorien in seinem Einflussbereich ausgetauscht und ausgewechselt[2]. Nach der Niederlage bei der Völkerschlacht bei Leipzig, nachdem sich Russland, Österreich, Preußen und Schweden verbündeten und Frankreich lediglich mit einigen Rheinbundstaaten entgegen kam, trat der Rückschritt Napoleons in Gange. Trotzdem ist es sein Verschulden gewesen, dass das Heilige Römische Reich Deutscher Nation nach circa 1000 Jahren Fortbestehen in den Zerfall getrieben wurde. Mit dem Pariser Frieden von 1814 gab es nach der Unterzeichnung der sechsten Koalition und Frankreich eine Beendigung des Krieges und Napoleon war nicht mehr länger der Kaiser, sondern wurde ins Exil auf die Insel Elba verbannt. Dieser Vertrag beinhaltete des Weiterem, dass die errungenen neuen Grenzen für nicht richtig gesprochen wurden und die Grenzen von 1792 wieder in Kraft traten, genauso wie, dass Frankreich keine Reparationen zu zahlen hatte[3]. Mit dem beinhalteten Artikel 23 wurde auch beschlossen, dass alle Staaten, die auch mit im Krieg verwickelt waren, sich in Wien zu treffen, damit festgelegt werden konnte, wie Europa neu gestaltet wurde. Die Gastgeber Kaiser Franz I. von Österreich und dessen Außenminister Fürst von Metternich begannen mit allen Teilnehmern am 18. September die Zusammenkunft und legten viel Wert darauf, alles „möglichst angenehm zu gestalten"[4].

---

[2] Vgl. Zeitreise MDR :https://www.youtube.com/watch?v=q4-Tv7pmkLk
[3] Vgl. Zeitreise MDR: https://www.youtube.com/watch?v=q4-Tv7pmkLk
[4] Zit. Nach Juraforum.de/ Wiener Kongress/Vorgeschichte und Begin(http://www.juraforum.de/lexikon/wiener-kongress)

4. Prinzipien des Wiener Kongress

4.1. Ziele

Im Grunde genommen lautete der Auftrag des Verhandelns so, dass zum einen die alten Dynastien wiederhergestellt werden sollten, was die Legitimation ist, denn „die politischen Machtansprüche eines Staates [wurden] auch an seine jeweiligen geografischen Ausweitungen gemessen"[5]. Dabei ging es den Franzosen vor allem darum, den Status als Kriegsverlierer entledigt zu bekommen, was Charles-Maurice de Talleyrand-Perigord[6] zu einem seiner großen Hauptanliegen machte. Anbei sollte es sogar so weit gehen, dass Frankreich wieder auf einer Stufe mit den übrigen Großmächten stehen sollte. Zum anderen sollten die alten Gesellschaftsformen wiederhergestellt werden, was der Restauration entspricht[7]. Man wollte eine derartige Aktion, wie es durch die Revolution gab, nicht noch einmal erleben und deshalb die Monarchie erneut anpreisen, sie halten und wieder zum Standard einführen. Um diese Ziele zu erreichen wurde die Innenpolitik vieler Länder auf monarchistische Züge stark ausgelegt und zwischen den Staaten hatte man sich geeinigt, viel miteinander zu kooperieren und eine vernünftige Solidarität aufzubauen. Das war das dritte Hauptaugenmerk dieser Zusammenkunft und im gleichen Gedankengang stand auch fest, dass das ehemalige Heilige Römisch Reich Deutscher Nation in so einem Ausmaße nicht noch einmal existieren durfte. Infolge dessen wurde der Deutsche Bund gegründet, welcher ein Zusammenschluss aus 41 Staaten und freien Städten war und der durch Österreich überwacht wurde.

4.2. Ablauf

Warum sollte gerade in Wien ein Beschluss ausgearbeitet werden, der grundlegend für viele Jahrzehnte neue Gesetze, Rechte und Pflichten beinhaltet?

Nach dem russischen Zar Alexander I. sollte Wien belohnt werden, wie die Stadt sich in den Kriegen von Napoleon gegen ihn aufgelehnt hat und sich ihm in den Weg stellte[8]. Obendrein ist Wien mit einer ausreichenden Infrastruktur ausgestattet, zumal sie auch Europas dritte größte Stadt

---

[5] Zit. Nach Lebendes Museum Online (https://www.dhm.de/lemo/kapitel/vormaerz-und-revolution/wiener-kongress/neuordnung-europas-181415.html)
[6] Der französische Außenminister
[7] Vgl. Zeitreise MDR (https://www.youtube.com/watch?v=q4-Tv7pmkLk)
[8] Vgl. Zeitreise MDR (https://www.youtube.com/watch?v=q4-Tv7pmkLk)

ist. Die Bürger gelten als empfänglich für Neuigkeiten und ebenfalls mit dem System der Monarchie vertraut wie treu. Das fügte sich zusammen und ergab eine Ziemlich hohe Sicherheit, dass nicht mit Aufständen oder sonstigen Unruhen zu rechnen war. Diese Angst der Staatsoberhäupter war berechtigt, denn wenn der Kongress auch politische Neuerung, die zum Teil von der Bevölkerung gut und zum Teil schlecht genannt wurden, mit sich brachte, so war er für die Einwohner mindestens eine genauso große finanzielle Belastung. Es wurden Steuererhöhungen von bis zu 50% verteilt, ebenso wie eine Steuer auf wichtige Naturressourcen, wie zum Beispiel Brennholz [9]. Die langen Tanzveranstaltungen, Feuerwerke, Jagden und sonstige Unterhaltungsprogramme, die, wie es scheint fast im Vordergrund abliefen, waren fester Bestandteil des Prozesses. Auch musste die gewaltige Menge an Personal bezahlt werden, zu welchen sich die Sicherheitsbeauftragten, die Köche, Kellner, sogar Tänzerinnen und Tänzer aus Russland bekannten. Selbst Musiker und Komponist Ludwig van Beethoven erschien und versorgte das Publikum, welches aus insgesamt ungefähr 200 Staaten, Städten und sonstigen Herrschaften zählte, mit exquisiten Klängen. Lediglich das Osmanische Reich war nicht vertreten und entzog sich gänzlich den Verhandlungen und dem Trouble.[10] Nach Schätzungen heutiger Historikern belief sich die Summe der entstandenen Kosten, welche von Österreich getragen wurden auf heute „umgerechnet bis zu 100 Millionen Euro"(welt.de)[11].

Etwas komplett Neues war es, dass die Erarbeitung der Verhandlungen in Kommissionen stattfand. Es wurden Gremien gebildet, die sich mit den Deutschen beschäftigten, sich über die territoriale Neuordnung kümmerten, die Gesetze der Flussschifffahrt ausloteten und über den Sklavenhandel berieten [12]. In diesen jeweiligen Gebieten wurde diskutiert, wie die Grundziele bestmöglich unterstützt wurden und dass trotzdem alles gesetzeskonform abläuft. Alle Mitglieder fanden erst bei der Unterzeichnung der Schlussakte zusammen, was in dem Sinne auch einmalig gewesen ist.

---

[9] Vgl. Zeitreise MDR (https://www.youtube.com/watch?v=q4-Tv7pmkLk)
[10] Vgl. Zeitreise MDR (https://www.youtube.com/watch?v=q4-Tv7pmkLk)
[11] Zit. Nach Welt.de (http://www.welt.de/geschichte/article142164918/Sex-Tanz-und-Partys-begruendeten-Europas-Ordnung.html)
[12] Vgl. Juraforum (http://www.juraforum.de/lexikon/wiener-kongress)

4.3. Konflikte

Abseits der vielfältigen Vergnügungsaktivitäten fand das fröhliche Zusammenspiel, nämlich in den Verhandlungsräumen, ein Ende. Die aufeinandertreffenden Mächte hatten unterschiedliche Ansichten über dass, was als Endergebnis stehen sollte.

Wären die Deutschen als ein Staat zusammengefasst worden, wäre dieser ein ziemlich großer Machtpunkt in Zentraleuropa gewesen. Das würde Österreich allerdings missfallen, wenn es denn so kommen würde. Metternich plante, dass es selber die Macht im Zentrum sein wird, auch um zwischen Frankreich und Russland einen Ausgleich darzustellen. Russland hingegen war sehr interessiert, große Teile von Polen zu ergattern, denn der Zar überlegte, ob es für ihn positive Konsequenzen hätte, wenn er Polen zu einem konstitutionellen Staat machen würde. Groß Britannien hingegen war wieder mehr auf ein konstitutionelles Mitteleuropa fixiert und schloss sich so Österreichs Gedanken an. Des weiterem wollte Talleyrand auch unbedingt verhindern, dass Russland seine Macht weiter ausbreitet und es so einschränken. Frankreich hingegen würde davon profitieren, wenn die Deutschen sich nicht so organisieren könnten, wie es in einem einzelnen Staat möglich wäre, denn dann hätten sie nichts von einer weiteren Großmacht nebenan zu befürchten. Für Preußen wäre es vom Vorteil gewesen, wenn Deutschland als zusammenhängendes Ganzes agieren würde, demzufolge wären sie an einem deutschen Staat ebenfalls interessiert.[13]

5. Territoriale Neuordnung

5.1 Ansprüche

Als die Kommissionen berieten, wie die neue Aufteilung der Gebiete der Länder aussehen sollte, hatten Frankreich, Groß Britannien und Österreich keinen Willen für eine Ausbreitung ihres Landes. Preußen hingegen äußerte, dass es auf die Anschließung von Sachsen besteht. Diese Forderung kam daher, dass das Königreich Sachsen die Verbündeten von Napoleon während des Krieges waren und danach auch als Verlierer dargestellt werden konnten. Der russische Zar Alexander I. war damit einverstanden und stellte sich mit auf die Seite von Klemens Wenzel Lothar Fürst von Metternich. Russland selber stellte auch Anforderungen, es erhob Anspruch auf Polen. Wenn dieser Fall tatsächlich eingetreten wäre und die Aufteilung so vorgenommen worden wäre,

---

[13] Vgl. juraforum.de: Interessenkonflikte (http://www.juraforum.de/lexikon/wiener-kongress)

dann wäre die Monopolisierung der Macht in Europa mit einher gezogen. Diese Disparitäten führten, wenn auch nur kurz, zu einer Spaltung der Parteien in Russland und Preußen gegen Österreich, Frankreich und Groß Britannien. Aus den zwei Parteien mit ihren verschiedenen Bestrebungen entwickelte sich eine so große Meinungsverschiedenheit, dass im Januar 1815 der Sächsisch-Polnische Konflikt entstand[14]. Dieser führte fast zu neuen kriegerischen Handlungen, doch da keiner der Teilnehmer an kostenverschlingenden Schlachten interessiert war, da ihre jeweilige Armee noch von den Kriegen mit Napoleon geschwächt war, wurde ein Kompromiss gefunden. Jener bestand darin, dass Preußen und Russland ihre Anforderungen verminderten und dadurch eine gewaltfreie Lösung gefunden wurde.

5.2. Aufteilung

Die neu verhandelten und arrangierten Grenzen beinhalteten nun, dass Preußen zwei Fünftel von Sachsen erhielt. Dazu bekam es Posen, sowie Danzig, was in der Zeit von Napoleons Herrschaft zu einer eigenständigen Republik ausgerufen wurde. Außerdem wurden die linksrheinischen Gebiete und auch Westfalen den Preußen überschrieben. Das machte dann eine Steigerung von circa einem Drittel mehr der Fläche Österreichs aus, als vor der Französischen Revolution und einen Zuwachs der Bevölkerung um die Hälfte[15]. Russland ergatterte Polen nun als Personalunion[16] und somit kippte auch das Vorhaben, Polen zu einem eigenständigen Staat zu entwickeln. Österreich hingegen musste seine linksrheinischen Besitztümer abgeben, ebenso wie die Niederlande, aus welcher später Belgien entstehen sollte. Auch ging Breisgau ab, was dann das Großherzogtum Baden und das Königreich Württemberg übernahmen[17]. Bayern konnte nun die Pfalz an sich schließen.

---

[14] Vgl. Maike Becking: Lebendiges Museum Online (https://www.dhm.de/lemo/kapitel/vormaerz-und-revolution/wiener-kongress/neuordnung-europas-181415.html)
[15] Vgl. Maike Becking: Lebendes Museum Online(https://www.dhm.de/lemo/kapitel/vormaerz-und-revolution/wiener-kongress/neuordnung-europas-181415.html
[16] Vereinigung selbstständiger Staaten unter einem Monarchen, einer Monarchin – nach Duden (http://www.duden.de/rechtschreibung/Personalunion)
[17] Vgl. Maike Becking: Lebendes Museum Online(https://www.dhm.de/lemo/kapitel/vormaerz-und-revolution/wiener-kongress/neuordnung-europas-181415.html)

5.3. Hintergrund

Die Idee zur Umstrukturierung in weiten Teilen von Europa fand ihre Begründung darin, dass nun eine mögliche Wiederholung der gewaltigen Ausdehnung Frankreichs unterbunden wurde. Das zu realisieren wurde durch Preußen und Österreich als Antagonist möglich. Wenn also eine die realistische Gefahr eingetreten wäre, dass Frankreich erneut einen Krieg begonnen hätte, hätten Russland und Preußen dem entgegen wirken können, da sie als dementsprechend gleichstark galten. Frankreich erhielt als Verlierer selbstverständlich keine Erweiterungen, sondern durchaus Verluste.

Des Weiteren wurde die österreichische Niederlande abgegeben und aus der später Belgien entstand. Auch wurde im Wiener Kongress beschlossen und anerkannt, dass die Schweiz ihre „immerwährende bewaffnete Neutralität"(juraforum.de) [18] erhält. Das sicherte ihre politische Außensituation bis heute und klärte die Verhältnisse, wie die Schweiz der Welt heute gegenüber steht. Nebenbei wurde dadurch auch eine Art Knautschzone entwickelt, der auch Belgien und das Vereinigte Königreich der Niederlande beiwohnte. Durch diese räumliche Trennung war ein Konfliktprinzip geschmälert worden, nämlich, dass der entstandene Deutsche Bund und Frankreich Problemstellungen erlangen[19].

6. Deutscher Bund

Als Bestandteil der Verhandlungen war die Einigung um die Deutschen, sie in ein, zumindest nach europäischer Sicht, angenehmes Licht zu rücken, ein anstrengender Prozess. Die betroffen Staaten wünschten sich eigentlich die Gewährung ihrer Unabhängigkeit, sowie ihre Unverletzlichkeit[20], doch der Plan von Österreich und Preußen lautete anders. Das ehemalige Heilige Römische Reich Deutscher Nation sollte, wenn es nur nach den beiden Ländern gegangen wäre, eine zentralisierte Lösung darstellen, bei der „eine kollektive Exekutive [...] aus Vertretern

---

[18] Zit. Nach juraforum.de (http://www.juraforum.de/lexikon/wiener-kongress)

[19] Quelle nach Karte Europa von 1815- Cliomaps
(http://images.google.de/imgres?imgurl=http%3A%2F%2Fcliomaps.de%2Fwp-content%2Fuploads%2F2013%2F03%2F1815-MEU-X1.png&imgrefurl=http%3A%2F%2Fcliomaps.de%2Fkarten%2Fmeu%2F1815a&h=775&w=1500&tbnid=sfCJXfXUBcbJvM%3A&docid=ltsaV8ZzidfCKM&ei=QXTkVuCnF-WE6QSdmqzYDA&tbm=isch&iact=rc&uact=3&dur=1700&page=2&start=18&ndsp=27&ved=0ahUKEwigzKr39rvLAhVlQpoKHR0NC8sQrQMIVjAT)

[20] Vgl. nach deutsche-schutzgebiete.de (http://www.deutsche-schutzgebiete.de/deutscher_bund.htm)

der größeren Staaten"[21] die alles regelnde Macht sein sollte. Nach dieser Vorstellung sollten auch Preußen und Österreich die Oberhand behalten und die restlichen Staaten und freie Städte kontrollieren. Allerdings wurde dieses Projekt gekippt, denn aus dem Grund, dass zu der gleichen Zeit der sächsisch-polnische Konflikt auf der Tagesordnung war, gab es nicht genügend Zuspruch aus den restlichen Reihen.

Als Ergebnis wurde dann nur ein lockerer Staatenbund präsentiert, der im jeweiligen Staat seine eigene Verfassung und eigene Gerichte aufweisen sollte. Dabei hatte Österreich aber nach wie vor noch immer eine Kontrollstellung als Präsidialmacht.[22]

Diese Entstehung war ein Rückschritt für die Deutschen, nicht nur, dass die einzelnen Fürsten immer noch sehr viel Macht ausüben konnten, sondern weil so auch die Demokratie in weite Ferne gerückt ist. Auch gab es keine einheitlichen Systeme, wie zum Beispiel eine einzige Währung, oder ein Maßsystem[23].

Zum anderen allerdings hatte es die erzielte Wirkung für das gesamteuropäische Denken getroffen, denn mit keinem einheitlichen Deutschland ist auch kein weiterer Angelpunkt angelegt worden. Das hatte auch zur Folge, dass wie geplant, andere Großmächte wie Russland, Österreich, Groß Britannien oder auch Frankreich ihr Gleichgewicht ausloten konnten.

7. Gesamte Ergebnisse

7.1. Unmittelbare Resultate

Wovon bis jetzt im Verlaufe des Prozesses noch gar nicht die Rede war, ist die Ächtung der Sklaverei. Zur Zeit vor dem Wiener Kongress war diese nämlich noch Gang und Gebe, doch durch prägende Einflüsse des Britischen Königreiches wurde im Paragraph 118, der sich in der Wiener Schlussakte befindet, die Wirkung gegen die Sklaverei verkündet.[24] Zugleich wurde festgelegt, wie mit der internationalen Flussschifffahrt vorangegangen werden soll und die Verhältnisse dazu wurden in mehreren Zusammenkünften abgestimmt. Besondere Beachtung galt aber auch der Erfüllung, dass Frankreich die ergatterten Ländereien abgeben musste und der napoleonische

---

[21] Zit. Nach juraforum.de (http://www.juraforum.de/lexikon/wiener-kongress)

[22] Vgl. Nach juraforum.de (http://www.juraforum.de/lexikon/wiener-kongress)

[23] Vgl. nach deutsche-schutzgebiete.de(http://www.deutsche-schutzgebiete.de/deutscher_bund.htm)

[24] Vgl. Juraforum.de (http://www.juraforum.de/lexikon/wiener-kongress)

Feldzug in die Schranken gewiesen wurde, weil es nach der neuen Länderordnung (zumindest auf den Bereich der Eroberungen bezogen) so aussah, als wäre Napoleon nie mit seiner Armee da gewesen. Zwar bezieht sich das nur auf die Flächenverteilung und nicht auf den Zustand des Reichtums in dem Gebiet und auf die Zerstörung, aber die Soldaten sind nicht mehr vor Ort anzutreffen. Durch die weiter oben genannten politischen Neuordnungen, wozu die Aufteilung Europas, sowie die Aufnahme von Frankreich wieder zu den Großmächten zählten, kam es zu einer Gleichgewichtsstellung, die sich die Pentarchie nannte.

7.2. Langzeitfolgen

Die wohl größte Besserung als Ergebnis war, dass nach den vielen Kriegen, die Jahrzehnte lang anhielten, endlich Ruhe eingekehrt ist. Die vielen Konflikte zwischen den Staaten, zuletzt natürlich auch durch das Wirken Napoleons, stellten eine große Beanspruchung für die damals lebenden Menschen dar. Es war nun möglich, sich durch gewaltfreie Lösungen neu zu orientieren und sein Land wieder aufzubauen. [25]

Im gleichen Augenblick stellte sich jedoch ein grundsätzliches Verhältnis der Befehlshaber gegen jegliche Revolutionen, oder liberale und nationale Bewegungen ein. Die regierenden Fürsten hatten die Monarchie behaupten können und sie wurde fortwährend als gültig anerkannt. Dabei wurde zur gleichen Zeit die Heilige Allianz gegründet. Hier gründeten auf, Verlangen des russischen Zaren, Preußen, Österreich und Russland ein freundschaftliches Bündnis, welches nach „den Grundsätzen des Christentums, der Gerechtigkeit, der Liebe und des Friedens"[26] zusammen brüderlich agieren sollte und vor allem den Zweck hatte, die Monarchie zu erhalten. Diese Vereinigung ging nicht direkt aus dem Wiener Kongress hervor, sondern stellte sich neben den Verhandlungen zusammen.[27]

Doch die Unterdrückung der Demokraten, Liberalen und Nationalen schien nicht zu bändigen zu sein. Im Volk entwickelte sich der Gedanke und das Streben nach eigenen Rechten, auch der Wille für eine gewisse Eigenständigkeit war vorhanden. Dieses Nationalbewusstsein und das Denken als liberale Deutsche kamen unter Napoleon zum Aufflammen. Da danach trotzdem zu den alten Strukturen zurück gegangen wurde, war dies nicht im Sinne der Bevölkerung. Im Jahr 1830 war

---

[25] Vgl. Juraforum.de (http://www.juraforum.de/lexikon/wiener-kongress)

[26] Zit. Nach wissen.de (http://www.wissen.de/lexikon/heilige-allianz)

[27] Vgl. wissen.de (http://www.wissen.de/lexikon/heilige-allianz)

dann mit der belgischen Unabhängigkeit von den Niederlanden, die durch eine Revolution ausgelöst wurde, ein Impuls ausgelöst worden, der die Deutschen traf und aufleben ließ. Das wurde auch unterstützt durch die nahezu willkürliche Verteilung der Grenzen im Wiener Kongress, denn auf Sprachen oder Volkszugehörigkeit wurde kaum geachtet. Erst 1848/49 wurde im Deutschen Bund durch die Märzrevolution das metternichsche System aufgehoben, wobei die Revolution an sich scheiterte. Dennoch blieb der Gedanke eines gesamtdeutschen Staates dahingehend bestehen. [28]

Wenn man den Wiener Kongress als dem Krieg entgegen wirkend beschreibt, dann hat man auf alle Fälle bis zum Deutsch-Französischen Krieg recht. Auch wenn vorher der Deutsch- Dänische krieg stattgefunden hat, doch dieser hatte nicht eine gleichgroße Ausdehnung und Wichtigkeit. Im besagten Deutsch-Französischen Krieg war das Ergebnis, dass es endlich zur Entstehung des Deutschen Reiches kam. Dabei standen sich der Norddeutsche Bund mit Bayern und Baden den Franzosen gegenüber.[29] Doch dies ist im Vergleich zum ersten Weltkrieg nur ein kleinerer Konflikt. Wenn man also diese Kriege vernachlässigen würde, auch wenn sie von politischer Bedeutung waren, und sie nach der ihrer Größe beurteilt, so kann man erschließen, dass nach dem Wiener Kongress kein gewaltiger Flächenbrandt [30] von Auseinandersetzungen für die nächsten hundert Jahre stattfand. Das ist gewiss eine wage Behauptung, jedoch nur logisch verglichen.

8. Schlussbetrachtung

Nach der Eroberung großer Teile in ganz Europa durch Napoleon geriet das Gleichgewicht zwischen der sechsten Koalition und dem Verliererstaat heftig aus den Fugen und es war nötig eine neue Aufteilung der Ländereien sowie das Fassen von neuen Beschlüssen zu vollführen um die neu gewonnene Pentarchie[31] aufrecht zu erhalten. Dazu reichte der Pariser Frieden von 30.05.1814 nicht aus, aber er beinhaltete bereits im Artikel 20, dass „binnen zwei Monaten […] alle Mächte"[32] sich in Wien durch ihre Vertreter zusammenfinden sollen. Der daraus entstandene Wiener Kongress soll nun jegliche Details für das zukünftig in Ruhe lebende Europa festlegen.

---

[28] Vgl. Juraforum.de (http://www.juraforum.de/lexikon/wiener-kongress)
[29] Vgl. geschichte-lexikon.de (http://www.geschichte-lexikon.de/deutsch-franzoesischer-krieg.php)
[30] Vgl. Zeitreise MDR (https://www.youtube.com/watch?v=q4-Tv7pmkLk)
[31] Herrschaft von fünf Mächten- Duden Rechtschreibung (http://www.duden.de/rechtschreibung/Pentarchie) hier: bestehend aus Frankreich Russland, Großbritannien, Preußen, Österreich
[32] Zit. Nach Zeitreise MDR (https://www.youtube.com/watch?v=q4-Tv7pmkLk)

Die Resultate gaben zunächst ein negatives Bild ab, da ein demokratisches Deutschland, was als Einheit funktioniert hätte, nicht geschaffen wurde. Doch betrachtet man die Zusammenhänge, wenn man einen Schritt zurück tritt und das große Ganze beobachtet, so muss man zwangsläufig feststellen, dass doch eine ausgeklügelte Gleichheit in Europa entstand. Es folgten mehrere Jahrzehnte des Friedens, was nicht nur Abwechslung, sondern auch bitter nötig war.

Der Wiener Kongress fand also sein Hauptaugenmerk in der Rückführung auf das metternichsche System, die Stärkung von Preußen, Österreich und Russland, sowie die Herstellung der Pentarchie. Mit neuen politischen Handlungsweisen und ein beraten und beschließen von nahezu allen europäischen Machthabern setzte er neue Maßstäbe und legte den Grundstein für die nächsten Jahrzehnte des Lebens in Europa.

9. Quellen

Allgemeines über den Wiener Kongress:

- Geschichte in 5/ Wiener Kongress (Zuletzt besucht am 25.02.2016)

  https://www.youtube.com/watch?v=reZDwO6JPx8

- Zeitreise 2 go/ Wiener Kongress (Zuletzt besucht am 25.02.2016)
  https://www.youtube.com/watch?v=q4-Tv7pmkLk

Kurz-&Langzeitfolgen für Europa:

- Geschichte-Lexikon.de (Zuletzt besucht am 01.03.2016)
  http://www.geschichte-lexikon.de/wiener-kongress.php

Einzelheitenrecherche

- Juraforum.de(Zuletzt besucht am01.04.2016
  http://www.juraforum.de/lexikon/wiener-kongress

Zitat Ligne

- Wikipedia(Zuletzt besucht am 17.03.2016
  https://de.wikipedia.org/wiki/Charles_Joseph_de_Ligne#Zitate

Ziele

- Geschichtsverein Koengen(Zuletzt besucht am 15.03.2016)
  http://geschichtsverein-koengen.de/Restauration.htm

Ablauf

- Welt.de (Zuletzt besucht am 15.03.2016)
  http://www.welt.de/geschichte/article142164918/Sex-Tanz-und-Partys-begruendeten-Europas-Ordnung.html

Bild Europa 1815

- Cliomaps (Zuletzt besucht am 11.03.2016)

  http://images.google.de/imgres?imgurl=http%3A%2F%2Fcliomaps.de%2Fwp-content%2Fuploads%2F2013%2F03%2F1815-MEU-X1.png&imgrefurl=http%3A%2F%2Fcliomaps.de%2Fkarten%2Fmeu%2F1815a&h=775&w=1500&tbnid=sfCJXfXUBcbJvM%3A&docid=ltsaV8ZzidfCKM&ei=QXTkVuCnF-WE6QSdmqzYDA&tbm=isch&iact=rc&uact=3&dur=1700&page=2&start=18&ndsp=27&ved=0ahUKEwigzKr39rvLAhVlQpoKHR0NC8sQrQMIVjAT